Descubra!
Universo

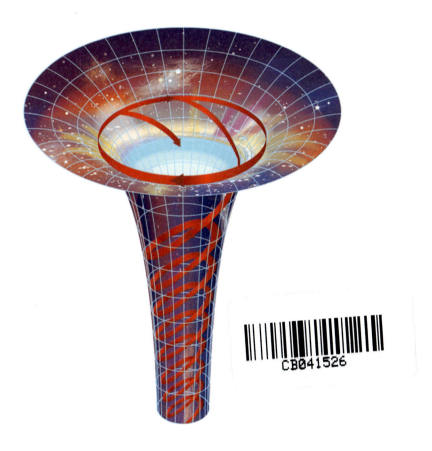

Texto: Giles Sparrow
Consultor: Jerry Stone

GIRASSOL

Dados Internacionais de Catalogação na Publicação (CIP)
Angélica Ilacqua CRB-8/7057

DK
 Descubra! Universo / DK ; tradução de Monica Fleischer Alves. — Barueri, SP : Girassol, 2024.
 64 p. : il, color. (Coleção Descubra!)

ISBN 978-65-5530-787-0
Título original: DKfindout! Universe

1. Literatura infantojuvenil inglesa I. Título II. Alves, Monica Fleischer III. Série

24-1558   CDD 028.5

Índices para catálogo sistemático:
1. Literatura infantojuvenil inglesa

Título Original: **DKfindout! Universe**
Copyright © Dorling Kindersley Limited, 2018
Uma empresa da Penguin Random House

Este livro foi impresso em papel couché 115 g/m^2, com capa em cartão 250 g/m^2.

GIRASSOL BRASIL EDIÇÕES LTDA.
Av. Copacabana, 325, Sala 1301
Alphaville – Barueri – SP – 06472-001
leitor@girassolbrasil.com.br
www.girassolbrasil.com.br

Direção editorial: Karine Gonçalves Pansa
Coordenadora editorial: Carolina Cespedes
Editora assistente: Lívia Pupo Sibinel
Assistente de conteúdo e metadados: Rebecca Silva
Tradução: Mônica Fleisher Alves
Diagramação: Patricia Benigno Girotto

Impresso no Brasil

Para mentes curiosas
www.dk.com

Sumário

4 Nosso lugar no espaço

6 O Big Bang

8 Objetos espaciais

10 A vida de uma estrela

12 Nasce uma estrela

14 Tipos de estrelas

16 Estrelas múltiplas

18 Buracos Negros

20 Galáxias

22 A Via Láctea

24 O Sol

Estação Espacial Internacional (I

Réplica do telescópio de Galileu

6	Sistema Solar	48	Fotos espaciais
8	Além de Netuno	50	Explorando o espaço
10	Planetas rochososs	52	Exoplanetas
12	Gigantes gasosos	54	Existe vida lá fora?
14	A Lua da Terra	56	Telescópio Espacial James Webb
16	Luas	58	Fatos e números do Universo
18	Rochas no espaço	60	Glossário
20	A vista a partir da Terra	62	Índice
22	Constelações	64	Agradecimentos
24	Astronomia		
26	Conheça a especialista		

Galáxia Hockey Stick

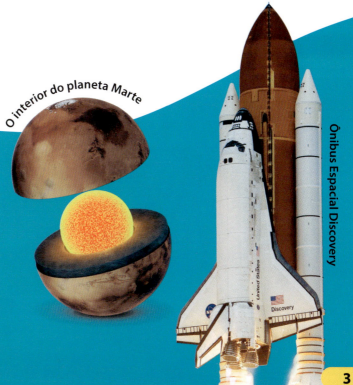

O interior do planeta Marte

Ônibus Espacial Discovery

Nosso lugar no espaço

Nosso Universo é enorme – de fato, tudo está nele! Há muito tempo, as pessoas acreditavam que a Terra era o centro de tudo, mas agora sabemos que nosso planeta é apenas uma minúscula partícula no espaço.

Onde nos encaixamos?

A escala do Universo é tão grande que não conseguimos realmente imaginar tudo de uma só vez. A melhor maneira de pensar sobre isso é ver como as coisas do nosso cotidiano se encaixam nela.

O SISTEMA SOLAR
Nosso Sistema Solar é basicamente um espaço vazio – até nossa Lua está a 30 diâmetros terrestres de distância. A Terra está a 150 milhões de quilômetros do Sol, mas cometas podem orbitar até um ano-luz de distância.

NOSSO PLANETA
A Terra tem 12.742 km de diâmetro –, uma pessoa média teria que dar cerca de 20 milhões de passos para contornar a linha do equador.

CIDADES
Cidades de tamanho médio geralmente têm de 10 a 20 km de diâmetro –, seriam necessárias algumas horas para atravessá-las a pé.

SERES HUMANOS
A maior parte das pessoas tem de 1 a 2 m de altura –, a uma velocidade média, andaríamos cerca de 5 km em uma hora.

4

A LÁCTEA

Nossa galáxia tem aproximadamente 100.000 anos-luz de diâmetro e contém entre 110 e 400 bilhões de estrelas. Nosso Sistema Solar está a cerca de 26.000 anos-luz do centro.

O GRUPO GALÁCTICO LOCAL

A Via Láctea é um dos maiores membros de um grupo de galáxias com aproximadamente 10 milhões de anos-luz.

UNIVERSO DAS GALÁXIAS

O Universo contém pelo menos 200 bilhões de galáxias e se estende por, no mínimo, 156 bilhões de anos-luz. Podemos ver objetos a até 92 bilhões de anos-luz de distância.

O que é um ano-luz?

Astrônomos medem as enormes distâncias cósmicas em termos de anos-luz, a distância que a luz (o elemento mais rápido no Universo) viaja em um ano. Um ano-luz tem cerca de 9,5 trilhões de quilômetros.

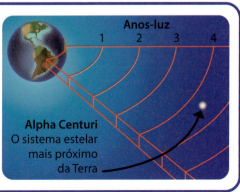

Anos-luz 1 2 3 4

Alpha Centuri
O sistema estelar mais próximo da Terra

5

Desde o Big Bang, o Universo continua se expandindo – na verdade, está crescendo mais rápido que nunca.

INFORMAÇÕES IMPORTANTES

» **1: Big Bang** O Universo começou com uma imensa explosão.

» **2: Em crescimento** O espaço cresceu rapidamente e era bem quente. Então, começou a esfriar e a matéria se formou.

» **3: Produzindo a matéria** Partículas minúsculas, chamadas prótons, começaram a se formar. Eles são o centro dos átomos, os blocos que constroem tudo.

» **4: Estrelas e galáxias** As primeiras estrelas gigantes se formaram depois de aproximadamente 200 milhões de anos. Sua gravidade atraiu a matéria para formar as galáxias em crescimento.

» **5: O Universo hoje** Elementos mais pesados produzidos anteriormente pelas estrelas ajudaram a formar os planetas no Universo atual.

O Big Bang

O Universo nasceu em uma explosão chamada Big Bang, há 13.8 bilhões de anos. O Big Bang criou toda a matéria no Universo. Matéria é o produto de tudo que existe e demorou muito para que essa matéria se agrupasse em objetos maiores, como planetas, luas e estrelas.

Estrelas

Estrelas são enormes bolas de gás que liberam calor e luz. Elas são encontradas frequentemente em pares ou aglomerados.

Objetos espaciais

O Universo contém objetos, desde asteroides e planetas, como a Terra, a estrelas, muitas delas bem maiores que o nosso Sol, e galáxias enormes! Há também os objetos que os humanos enviaram para o espaço, incluindo satélites e naves espaciais.

Planetas

Há diferentes tipos de planetas que orbitam as estrelas. Planetas rochosos, como a Terra, planetas gasosos, como Júpiter, e planetas anões como Plutão. O planeta mostrado abaixo é Vênus.

Galáxias

Galáxias são os maiores objetos no Universo. Elas são feitas de muitos milhões de estrelas, junto com gás e poeira.

Nuvens interestelares

Espaço interestelar é o nome das áreas existentes entre as estrelas. Nuvens de gás e poeira nessas regiões são chamadas de nebulosas. Essas nuvens fornecem as matérias-primas para formar as estrelas.

Objetos artificiais

Desde 1957, o homem construiu e lançou satélites na órbita da Terra para diferentes propósitos e mandou sondas espaciais para explorar os outros objetos no nosso Sistema Solar.

Satélites naturais

Luas são objetos que orbitam os planetas (e às vezes orbitam outros pequenos objetos, como asteroides rochosos). Elas são satélites naturais e variam de mundos grandes e complexos a rochas menores.

9

A vida de uma estrela

As estrelas vivem e morrem em diferentes velocidades dependendo da quantidade de combustível que elas têm que queimar. Estrelas massivas brilham com mais intensidade, mas têm vidas muito mais curtas que as menores. Elas também morrem de formas diferentes.

Gigante vermelha
Depois de alguns bilhões de anos, uma pequena estrela, como o Sol, passa por mudanças que lhe permitem continuar brilhando. Ela fica muito mais cintilante, cresce e fica vermelha.

Protoestrela
Uma estrela nasce de uma nuvem de gás e poeira em colapso. Ela esquenta à medida que as moléculas de gás colidem até que eventualmente começa a brilhar.

Estrela de sequência principal
O estágio de "sequência principal" de uma estrela é a parte principal de sua vida. Nesta fase, ela queima o suprimento de combustível em seu quente núcleo e brilha continuamente.

Supergigante vermelha
As estrelas maiores e mais brilhantes ficam sem combustível em apenas alguns milhões de anos. Elas aumentam de tamanho e se tornam supergigantes.

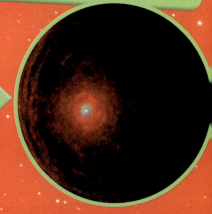

Nebulosa planetária
Eventualmente, uma gigante vermelha se torna instável e expele suas camadas externas em uma bolha de gás brilhante chamada nebulosa planetária.

Anã branca
O núcleo de uma gigante vermelha, do tamanho da Terra, sobrevive. Ele não produz mais energia, mas ainda brilha porque sua superfície está extremamente quente.

Estrela de nêutrons
O núcleo de uma estrela gigante é forçado a se unir, criando uma estrela de nêutrons tão grande quanto uma cidade. Ele é rodeado por uma enorme nuvem de gás superquente.

Anã negra
Ao longo de muitos bilhões de anos, uma anã branca esfria lentamente até se tornar uma anã negra, espessa e escura.

Supernova
Quando uma supergigante fica sem combustível, ela morre em uma enorme explosão chamada supernova, que pode ofuscar uma galáxia de estrelas normais.

Buraco negro
Um buraco negro é um ponto no espaço que suga tudo o que se aproxima dele. Estrelas com núcleos (centros) muito pesados entram em colapso e criam buracos negros.

11

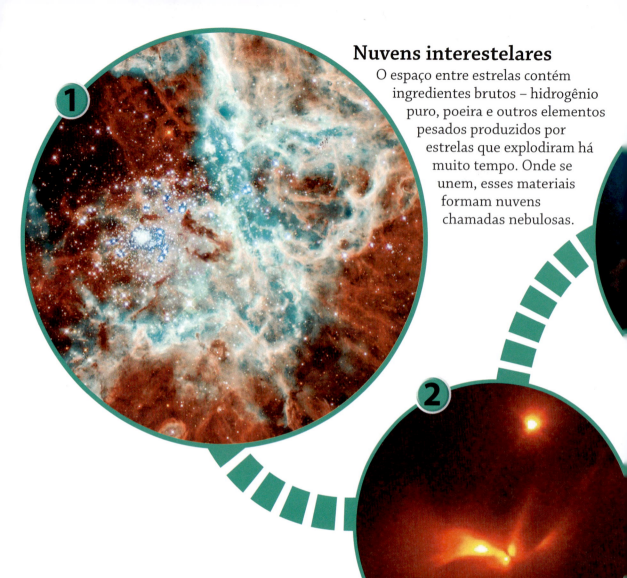

Nuvens interestelares

O espaço entre estrelas contém ingredientes brutos – hidrogênio puro, poeira e outros elementos pesados produzidos por estrelas que explodiram há muito tempo. Onde se unem, esses materiais formam nuvens chamadas nebulosas.

Nasce uma estrela

As estrelas nascem quando enormes nuvens de gás e poeira que flutuam no espaço são condensadas pela gravidade, ou são perturbadas pela gravidade de uma outra estrela que passa nas proximidades, ou pela onda de choque da explosão de uma supernova. Centenas ou milhares de estrelas podem nascer de uma única nuvem.

Protoestrela

Quando entra em colapso, uma nebulosa se divide em protoestrelas – nós de gás que formarão, cada um, uma ou mais estrelas. A gravidade de uma protoestrela atrai o material de seu entorno.

Disco giratório

3 À medida que atrai a matéria para seu interior, a protoestrela se achata, formando um disco com um centro protuberante. Ele gira rapidamente e fica cada vez mais quente conforme puxa mais material, cuspindo matéria extra em jatos.

> **! VERDADE?**
>
> As nebulosas mais **espessas** podem produzir aglomerados com mais de **100 mil** estrelas!

4

Estrela nova

Eventualmente, o gás existente no centro do disco fica quente e denso o suficiente para que se iniciem reações nucleares, transformando-o em uma estrela brilhante.

5

Formação de planetas

O material deixado no disco em torno da estrela pode dar início à formação de um sistema de planetas, que pode incluir tanto planetas rochosos como aqueles feitos majoritariamente de gás. Os planetas gasosos geralmente são muito maiores que os planetas rochosos, mas ambos podem ser encontrados perto de uma estrela ou mais distantes.

13

Tipos de estrelas

Os bilhões de estrelas existentes no céu variam muito em cor, tamanho e brilho. Algumas dessas diferenças acontecem porque as estrelas nascem com pesos variados, e outras porque elas estão em estágios diferentes do seu ciclo de vida.

Gama de cores

A cor de uma estrela depen do quão quente ela é. A temperatura de uma estrel é medida em graus Kelvin (K). Zero graus Kelvin equivale a -273°C.

Mais quente

> 30.000 K

10.000 –30.000 K

Gigante azul

Estrelas com massas muito maiores que a do Sol brilham cem vezes mais, de modo que suas superfícies superaquecidas parecem azuis.

Supergigante azul

Estas estrelas pesam dezenas de vezes mais que o Sol e brilham cem mil vezes mais intensamente.

O Sol

O Sol é uma estrela média com uma superfície amarela, que brilhará continuamente por bilhões de anos antes de se transformar em uma gigante vermelha.

> **UAU!**
> A maior parte das **estrelas gigantes azuis** existe há menos de **100 milhões de anos**.

Estrelas anãs

As anãs vermelhas são estrelas normais muito mais frias, fracas e menores que o Sol. Elas são o tipo de estrela mais comum na Via Láctea. As anãs brancas são tão grandes quanto os planetas. Elas são os núcleos queimados de estrelas.

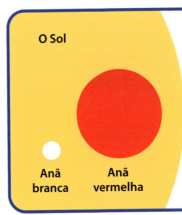

O Sol • Anã branca • Anã vermelha

Mais frio

5.200 – 6.000 K   3.700 – 5.200 K   3.000 – 4.000 K   2.400 – 3.700 K

Gigante laranja
Estrelas com menos massa que o Sol não brilham nem aumentam tanto perto do fim de suas vidas.

Gigante vermelha
Perto do fim de suas vidas, estrelas como o Sol brilham brevemente como gigantes vermelhas enormes e brilhantes. Mas, apesar do tamanho, são frias.

Supergigante vermelha
Estas são as maiores estrelas de todas, com atmosferas volumosas, que podem ser maiores que a órbita de Júpiter ao redor do Sol.

Estrelas múltiplas

As estrelas nascem em grandes grupos provenientes de nuvens de gás que se desfazem. Algumas se afastam para se tornarem estrelas únicas como o Sol, mas a maior parte passa a vida toda em pares, trios ou grupos maiores.

Estrelas binárias

Os astrônomos chamam um par de estrelas que orbita uma a outra de "sistema binário". O tempo que leva para as estrelas de um sistema binário circularem entre si pode variar de algumas horas a milhares de anos.

Este sistema estelar múltiplo tem dois pares binários em órbita um ao redor do outro.

Mesclando estrelas

Duas estrelas em um par binário podem não ter a mesma massa ou quantidade de matéria. Se for esse o caso, elas envelhecerão em ritmos diferentes. Isso permite que uma estrela roube material da outra.

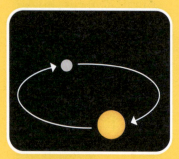

1. Estrelas em órbita
Neste par binário, uma estrela é um anã branca e a outra está quase se tornando uma gigante vermelha.

2. Transferindo matéria
A estrela anã branca rouba gás das camadas externas da estrela que se tornou uma gigante vermelha.

3. A anã branca explode
A concha de gás quente em volta da anã branca queima em uma explosão chamada nova.

16

Aglomerados

Grupos de estrelas podem ser formados a partir da mesma nebulosa. Isso pode resultar em jovens "aglomerados abertos", ou grupos de estrelas, que contêm menos de 100 membros, como o aglomerado estelar das Plêiades. As Plêiades também são conhecidas como "Sete Irmãs".

Sete estrelas brilhantes nas Plêiades são visíveis sem o uso de um telescópio.

Buracos negros

Um buraco negro é uma área do espaço que tem uma gravidade incrivelmente forte. Às vezes, ele é formado quando uma estrela entra em colapso e morre, quando enormes nuvens de gás se juntam em novas galáxias ou quando estrelas colidem. Se alguma coisa chegar muito perto de um buraco negro, cairá e nunca vai escapar!

FICHA TÉCNICA

» **1. Singularidade** O centro de um buraco negro é chamado de "singularidade". Neste ponto, a gravidade se torna ilimitada e as leis normais da ciência não se aplicam mais.

» **2. Horizonte de eventos** Este limite marca o espaço onde até a luz não consegue escapar da gravidade do buraco negro. É por isso que o buraco negro parece completamente preto.

» **3. Ergosfera** É a área de um buraco negro onde os objetos têm sua última chance de escapar, dependendo da distância entre o objeto e o horizonte de eventos.

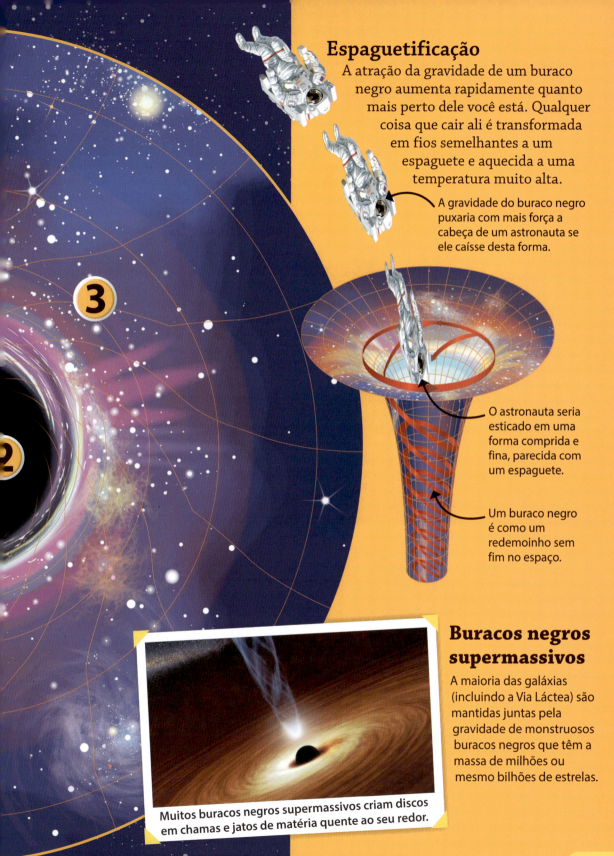

Espaguetificação

A atração da gravidade de um buraco negro aumenta rapidamente quanto mais perto dele você está. Qualquer coisa que cair ali é transformada em fios semelhantes a um espaguete e aquecida a uma temperatura muito alta.

A gravidade do buraco negro puxaria com mais força a cabeça de um astronauta se ele caísse desta forma.

O astronauta seria esticado em uma forma comprida e fina, parecida com um espaguete.

Um buraco negro é como um redemoinho sem fim no espaço.

Buracos negros supermassivos

A maioria das galáxias (incluindo a Via Láctea) são mantidas juntas pela gravidade de monstruosos buracos negros que têm a massa de milhões ou mesmo bilhões de estrelas.

Muitos buracos negros supermassivos criam discos em chamas e jatos de matéria quente ao seu redor.

19

Galáxias

Uma galáxia é uma coleção de estrelas, gás e poeira mantidos juntos pela força de atração da gravidade. Cada galáxia tem muitos milhões, ou até mesmo bilhões, de estrelas movendo-se juntas no espaço. Existem três formatos principais de galáxias: elíptica, espiral e irregular, com outros subtipos.

Galáxia espiral

Muitas galáxias parecem redemoinhos. Elas têm uma bola de estrelas muito grande e brilhante em seu centro, com braços de estrelas, gás e poeira espiralando para longe.

Messier 81

NGC1300

Galáxia espiral barrada

Nesta forma, a bola central é atravessada por uma brilhante barra de estrelas. Os braços espirais começam em cada extremidade dessa barra. A NGC 1300 é uma galáxia espiral barrada na constelação de Eridanus. Nossa própria galáxia, a Via Láctea, é uma espiral barrada com o Sol em um de seus braços espirais.

NGC 5010

Galáxia lenticular
Este tipo de galáxia tem um disco central de estrelas sem braços espirais. Sua forma lembra uma lente, um pedaço de vidro curvo usado em uma câmera. Os astrônomos acham que as galáxias lenticulares se formam depois de uma colisão de galáxias.

Messier 87

Galáxia elíptica
Este tipo tem a forma de uma elipse (oval). As estrelas são muito frias e a galáxia não tem muito gás ou poeira. Supergigantes elípticas como a Messier 87 na constelação de Virgem são as maiores galáxias de todas.

COLISÃO ENTRE GALÁXIAS
Galáxias às vezes colidem umas com as outras ao longo de milhões de anos. A NGC 4656 colidiu com a NGC 4631, também conhecida como Galáxia da Baleia, e com a NGC 462, uma pequena galáxia elíptica.

NGC 4656, também chamada de Galáxia de Taco de Hóquei

Galáxia irregular
Este tipo de galáxia não tem forma e é composta principalmente de gás e poeira onde novas estrelas estão se formando. Essa galáxia anã na constelação de Sagitário tem aproximadamente apenas 10 milhões de estrelas.

NGC 6822

21

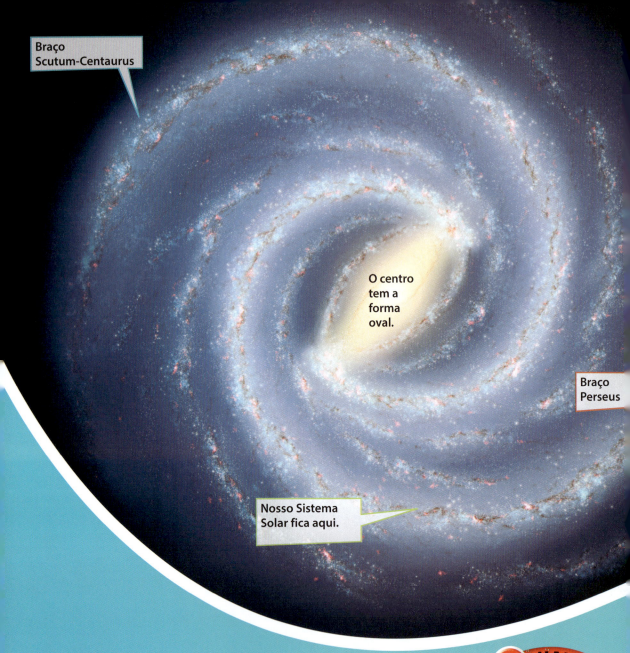

Braço Scutum-Centaurus

O centro tem a forma oval.

Braço Perseus

Nosso Sistema Solar fica aqui.

A Via Láctea

A Via Láctea é a nossa galáxia. Ela é uma galáxia espiral gigantesca, com bilhões de estrelas. Elas se agrupam nos "braços" que espiralam do centro para fora. Nosso Sistema Solar se apoia dentro de um de seus braços.

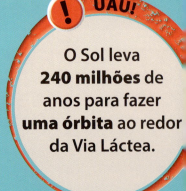

UAU!
O Sol leva **240 milhões** de anos para fazer **uma órbita** ao redor da Via Láctea.

Estrelas jovens e brilhantes marcam uma espiral.

Centro da Via Láctea

De lado, a Via Láctea parece um disco achatado com um prolongamento oval.

Forma

A Via Láctea é uma galáxia espiral barrada. Um prolongamento oval repleto de estrelas vermelhas e amarelas é cercado por um disco, cujas estrelas azuis e brancas mais brilhantes formam um padrão que parece uma espiral.

O centro da Via Láctea é cheio de estrelas que orbitam um enorme buraco negro.

Galileu Galilei

Quando o astrônomo italiano Galileu Galilei apontou seu primeiro telescópio para a pálida faixa da Via Láctea em 1609, descobriu que ela era feita de incontáveis estrelas.

Galileo Galilei

Réplica do telescópio de Galileu

O Sol

O Sol é a estrela mais próxima da Terra e fica no centro do nosso Sistema Solar. Ele é uma imensa bola de gás e produz calor e luz. Sem ele, nosso planeta não teria vida. A luz do Sol leva aproximadamente oito minutos para chegar à Terra!

Gases solares
O Sol é composto principalmente de hidrogênio, o mais leve de todos os gases. No centro do Sol, o hidrogênio se transforma em hélio, liberando energia.

Erupções solares
Às vezes, o Sol libera enormes rajadas de energia que enviam nuvens de gás em alta velocidade pelo Sistema Solar.

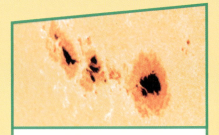

Manchas solares
Estas manchas mutáveis na superfície do Sol marcam locais onde a temperatura é mais baixa que nas áreas ao redor.

Sonda Parker Solar

Explorando o Sol
As sondas robóticas que estudam o Sol têm que ser fortemente protegidas de seus raios. Essa espaçonave, construída para voar até a parte externa da atmosfera do Sol, enfrentará temperaturas de mais de 1.370°C.

Superfície escaldante
A superfície do Sol é uma camada onde seus gases são tão espessos que é impossível ver através deles. Aqui, as temperaturas giram em torno dos 5.500°C.

25

Sistema Solar

O Sistema Solar é a área do espaço na qual vivemos. Ele contém nossa estrela – o Sol – no centro, bem como oito grandes planetas e suas luas, planetas anões, cometas e asteroides. Os oito planetas orbitam, ou viajam, ao redor do Sol.

INFORMAÇÕES IMPORTANTES

» 1: O Sol
O Sol fornece a luz que reflete em outros objetos do Sistema Solar, e é assim que podemos vê-los.

» 2: Mercúrio
Este planeta escaldante e o mais próximo do centro do Sistema Solar leva apenas 88 dias para girar em volta do Sol.

» 3: Vênus
Este planeta orbita o Sol em 225 dias. Sua superfície vulcânica é escondida por uma espessa atmosfera.

» 4: Terra
Nosso próprio planeta leva 365 dias para orbitar o Sol. É por isso que nosso ano tem 365 dias.

» 5: Marte
Marte leva 687 dias para orbitar o Sol. Um dia em Marte é meia hora mais longo que um dia na Terra.

» 6: Júpiter
Júpiter é o maior planeta de todos. Ele gira em menos de 10 horas e leva quase 12 anos para dar a volta ao redor do Sol.

» 7: Saturno
Este planeta é o mais distante que podemos ver sem usar um telescópio. Ele leva 29,5 anos para orbitar o Sol.

» 8: Urano
Este mundo frio tem uma órbita de 84 anos. Ao contrário dos outros planetas, ele está deitado de lado.

» 9: Netuno
Este grande planeta ultraperiférico leva 165 anos para completar uma única órbita em volta do Sol.

» 10: Plutão
A órbita de 248 anos deste "planeta anão" gelado o aproxima mais do que Netuno quando está mais próximo do Sol.

» 11: Cometa
Objetos gelados da borda do Sistema Solar se aquecem e se tornam ativos quando estão perto do Sol.

27

Além de Netuno

Além da órbita de Netuno, um sem-número de pequenos objetos gelados orbitam a borda do Sistema Solar. Eles variam de planetas anões, como Plutão, a cometas distantes, formando uma concha ao redor do Sol.

Nuvem de Oort

O Sistema Solar é cercado por uma concha de cometas em formato de bola chamada Nuvem de Oort.

Muitos cometas
Trilhões de cometas com uma massa total de cerca de cinco planetas Terra ficam na nuvem de Oort.

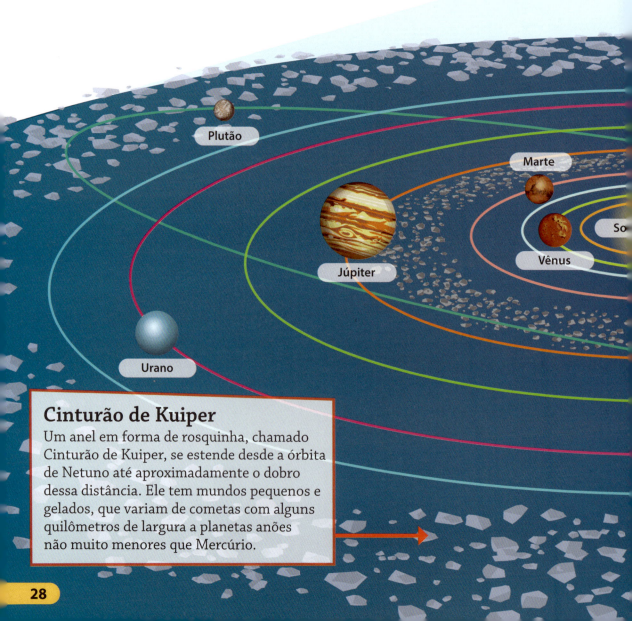

Cinturão de Kuiper

Um anel em forma de rosquinha, chamado Cinturão de Kuiper, se estende desde a órbita de Netuno até aproximadamente o dobro dessa distância. Ele tem mundos pequenos e gelados, que variam de cometas com alguns quilômetros de largura a planetas anões não muito menores que Mercúrio.

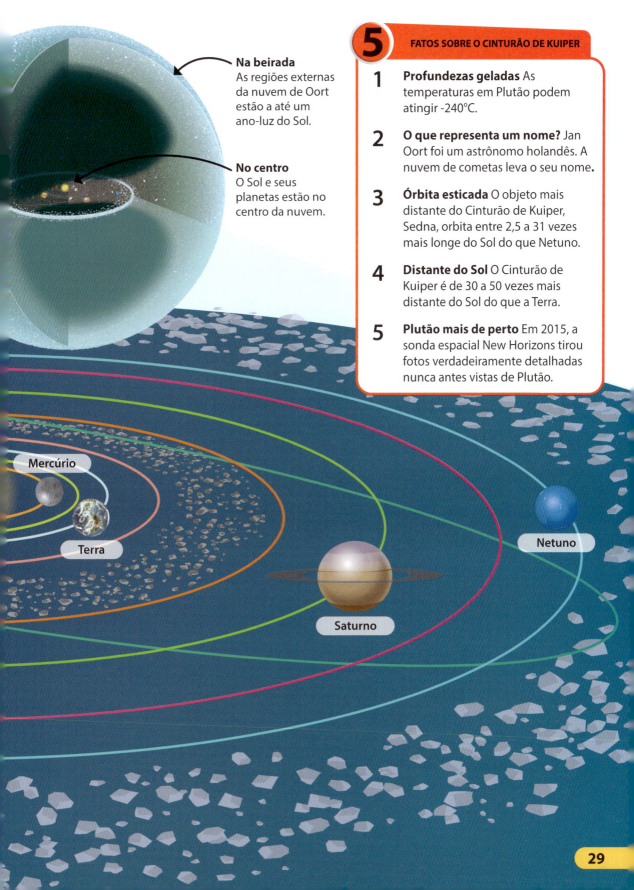

Planetas rochosos

Os planetas internos do Sistema Solar são todos muito diferentes. A Terra é o maior deles, seguida por Vênus, que tem quase o mesmo tamanho. Marte tem pouco mais da metade do tamanho da Terra e Mercúrio é ainda menor.

Mercúrio

Mercúrio tem uma superfície extremamente quente, seca e empoeirada. Quase não há atmosfera para proteger a superfície do forte calor do Sol.

A superfície de Mercúrio é moldada por impacto de asteroides, cometas e meteoroides.

Mercúrio tem um grande núcleo de ferro.

FICHA TÉCNICA

» **Diâmetro:** 4.880 km
» **Distância do Sol:** 58 milhões de km
» **Número de luas:** 0

Vênus

Vênus é o planeta mais quente do Sistema Solar. Sua superfície vulcânica e rochosa atinge temperaturas escaldantes de cerca de 482°C.

Erupções vulcânicas ocasionalmente cobrem toda a superfície com lava.

FICHA TÉCNICA

» **Diâmetro:** 12.104 km
» **Distância do Sol:** 108.2 milhões de km
» **Número de luas:** 0

A atmosfera espessa pode esmagar, ferver e queimar qualquer sonda espacial que pousar.

Terra

A Terra é especial por ser o único planeta conhecido por abrigar a vida animal e vegetal como conhecemos. Sua superfície é coberta por um terço de terra e dois terços de água.

FICHA TÉCNICA

» **Diâmetro:** 12.742 km

» **Distância do Sol:** 150 milhões de km

» **Número de luas:** 1

Oceanos, mares, rios e lagos estão na superfície da Terra.

A atmosfera mantém as temperaturas uniformes e permite que a vida se desenvolva.

A crosta externa se divide em placas rochosas de movimento lento.

Núcleo fundido de ferro e níquel com um centro sólido.

Marte

Marte é frio e seco, mas é o planeta mais semelhante à Terra. Há evidências que sugerem que a água fluiu por sua superfície. Marte pode até ser o lar de seres vivos.

FICHA TÉCNICA

» **Diâmetro:** 6.779 km

» **Distância do Sol:** 228 milhões de km

» **Número de luas:** 2

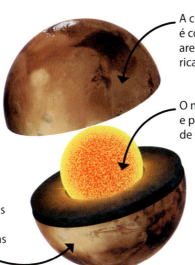

A crosta marciana é coberta por uma areia vermelha rica em ferro.

O núcleo é pequeno e provavelmente é de ferro sólido.

Marte tem os cânions mais profundos e as montanhas mais altas do Sistema Solar.

31

Gigantes gasosos

Os enormes planetas externos do Sistema Solar são gigantes gasosos ou gigantes de gelo. Eles são bem maiores que a Terra, mas são compostos principalmente de gases leves que se transformam em gelo líquido ou lamacento em seu interior. O pequeno núcleo de um gigante gasoso é sólido e feito de rocha.

> **! UAU!**
> **Quatro** das 69 luas de Júpiter são **maiores** que Plutão!

Júpiter

O maior de todos os planetas, Júpiter, é envolto em nuvens coloridas, incluindo uma enorme tempestade, grande o bastante para engolir a Terra!

Camada interna de hidrogênio metálico

Júpiter leva apenas 10 horas para fazer sua rotação. Esse movimento rápido faz com que suas nuvens se estiquem em faixas.

Especialistas acreditam que o núcleo de Júpiter é uma bola de rocha derretida seis vezes mais quente que a superfície do Sol.

Camada externa de hidrogênio líquido e hélio.

FICHA TÉCNICA

» **Diâmetro:** 142.984 km
» **Distância do Sol:** 778.6 milhões de km
» **Número de luas:** 69

Saturno

Saturno tem uma atmosfera mais calma que a de Júpiter porque é mais fria e mais distante do Sol. O planeta é famoso por seus belos anéis.

Atmosfera fria com nuvens de cristais de amônia.

anéis contêm bilhões de fragmentos de gelo.

O gás se transforma em líquido bem abaixo da superfície.

FICHA TÉCNICA

>> **Diâmetro:** 116.464 km
>> **Distância do Sol:** 1.4 bilhões de km
>> **Número de luas:** 62

Urano

Urano é cercado por pelo menos 11 anéis estreitos feitos de poeira e rochas. Ele é inclinado para o lado.

FICHA TÉCNICA

>> **Diâmetro:** 50.724 km
>> **Distância do Sol:** 2.9 bilhões de km
>> **Número de luas:** 27

Netuno

Este planeta azul tem o nome do antigo deus romano do mar. Netuno é bem mais frio porque está 30 vezes mais longe do Sol que a Terra.

FICHA TÉCNICA

>> **Diâmetro:** 49.244 km
>> **Distância do Sol:** 4.5 bilhões de km
>> **Número de luas:** 14

33

A Lua da Terra

A Lua é o vizinho mais próximo da Terra no espaço. Ela circunda nosso planeta a cada 27,3 dias. Um lado da Lua está sempre voltado para a Terra, mas a área que podemos ver muda conforme ela passa por seu ciclo de dia e noite. Os astronautas pousaram em sua superfície em 1969.

Margem dos Montes Apeninos

Montanhas

Muitas das cadeias de montanhas da Lua são, na verdade, as bordas elevadas de enormes crateras formadas a partir de impactos maiores.

Crateras de impacto

Não existe ar na Lua para protegê-la das rochas espaciais que a atingem na superfície. As crateras se formam quando há esse choque.

Cratera Tycho

34

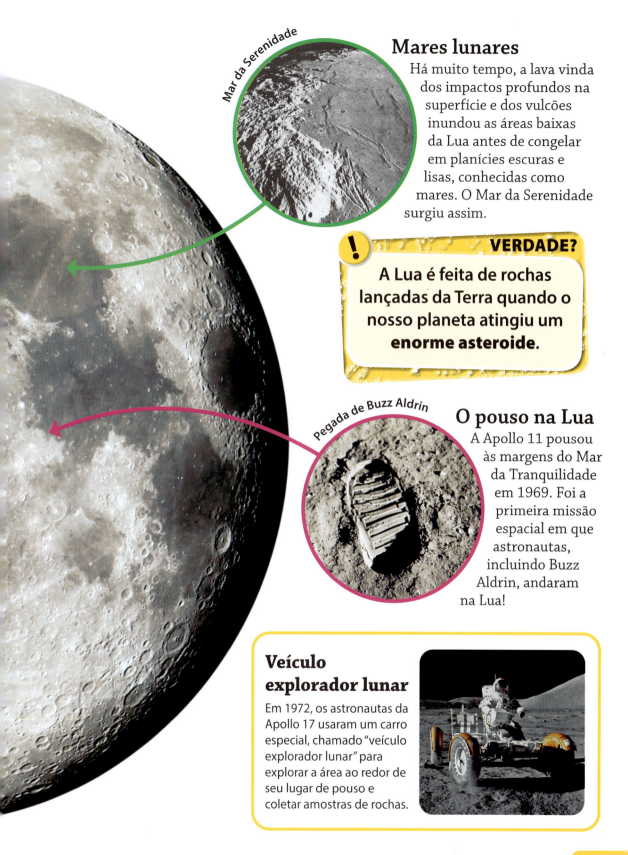

Mares lunares

Há muito tempo, a lava vinda dos impactos profundos na superfície e dos vulcões inundou as áreas baixas da Lua antes de congelar em planícies escuras e lisas, conhecidas como mares. O Mar da Serenidade surgiu assim.

Mar da Serenidade

! VERDADE?
A Lua é feita de rochas lançadas da Terra quando o nosso planeta atingiu um **enorme asteroide**.

O pouso na Lua

A Apollo 11 pousou às margens do Mar da Tranquilidade em 1969. Foi a primeira missão espacial em que astronautas, incluindo Buzz Aldrin, andaram na Lua!

Pegada de Buzz Aldrin

Veículo explorador lunar

Em 1972, os astronautas da Apollo 17 usaram um carro especial, chamado "veículo explorador lunar" para explorar a área ao redor de seu lugar de pouso e coletar amostras de rochas.

35

Luas

A maior parte dos planetas no Sistema Solar tem uma ou várias luas próprias. Até os asteroides podem ter a sua lua. Cada lua pode variar em forma, tamanho, superfície e atmosfera.

Deimos
Marte tem duas luas. Deimos é a menor das duas. Em grego, a palavra "deimos" significa "terror".

Titã
Uma das luas de Saturno, Titã, é 50 por cento maior que a lua da Terra. Essa lua tem uma atmosfera espessa e lagos oleosos em sua superfície.

Marte

Júpiter

Plutão

36

Dactyl
Esta lua minúscula orbita um asteroide chamado Ida. Ela se formou quando Ida colidiu com um outro asteroide. Dactyl é uma parte de Ida que se partiu no choque.

Tritão
Netuno tem 14 luas conhecidas. Tritão é a maior delas. Ela é muito fria e jatos de gás são expelidos de sua superfície.

Io
Esta lua de Júpiter é coberta de vulcões. Há mais de 80 grandes áreas vulcânicas na superfície de Io.

Caronte
Plutão tem cinco luas. Caronte é a maior e tem mais da metade do tamanho do próprio Plutão.

Netuno

Saturno

Ida (um asteroide)

37

Meteoros

Estrelas cadentes ou meteoros são breves raios de luz no céu noturno. São causados quando partículas de poeira entram na atmosfera da Terra, colidem com seus gases e aquecem. Muitos meteoros chegam em "chuvas" que se repetem todo ano.

Meteoritos

As rochas espaciais que sobrevivem à viagem pela atmosfera e atingem o solo são chamadas de meteoritos. A maioria são pedaços de asteroides, quebrados durante colisões, mas alguns vêm da superfície da Lua ou até de Marte.

Rochas no espaço

Assim como os planetas e o Sol, nosso Sistema Solar está cheio de objetos menores que pouco mudaram desde o nascimento do nosso Sistema. Eles variam de asteroides do tamanho de países e cometas do tamanho de cidades a pequenas partículas de poeira.

Cometas

Cometas são pedaços de gelo e rochas que orbitam principalment as bordas do Sistema Solar. Quando um cometa se aproxima do Sol, parte de seu gelo se transforma em gás, rodeando-o com uma nuvem difusa chamada coma e, às vezes, com uma longa cauda.

Asteroides

Asteroides são rochas deixadas para trás desde que o Sistema Solar foi formado. Eles orbitam principalmente um cinturão de asteroides entre Marte e Júpiter, mas alguns chegam mais perto da Terra. A maioria são pequenos pedações disformes de rocha, mas o maior de todos eles, Ceres, tem gelo em sua superfície e uma atmosfera muito fina.

Ida e Dactyl
Ida é um asteroide em forma de batata, com aproximadamente 60 quilômetros de comprimento. Ele tem uma pequena lua, chamada Dactyl, que provavelmente começou como parte de Ida antes de ser eliminado em uma colisão com outro asteroide.

Cometa NEAT
Este cometa passou pelo Sol em 2003. Seu nome vem do inglês *Near-Earth Asteroid Tracking* (NEAT), em tradução livre para o português: Monitoramento de Asteroides Próximos à Terra, projeto que o descobriu. Ele é longo e significa que não retornará antes de dezenas de milhares de anos.

Um NEO voa pela Terra

Objetos Próximos à Terra

Alguns asteroides e cometas, chamados Objetos Próximos à Terra (NEO, do inglês *Near-Earth Object*), aproximam-se da órbita da Terra através do espaço. Existe apenas uma pequena chance de colisão, mas, ao longo da história da Terra, isso aconteceu várias vezes.

39

A vista a partir da Terra

Em uma noite clara, podemos ver padrões de estrelas no céu. Esses agrupamentos são chamados de constelações. E, dependendo de onde estamos observando o céu, acima ou abaixo da Linha do Equador – a linha imaginária que cruza o meio da Terra –, elas variam. Também podemos ver a Lua, a Via Láctea, galáxias e planetas no céu noturno.

Via Láctea
Nossa galáxia é um enorme e achatado disco de estrelas. Mas, como nosso Sistema Solar fica dentro desse disco, vemos um maior número de estrelas em algumas direções e um menor em outras.

É fácil de ver o planeta Vênus porque ele brilha mais forte que qualquer estrela.

Galáxia Andrômeda

O fino crescente da Lua é iluminado pela luz solar, enquanto o restante é iluminado pelo brilho refletido da Terra.

Estrela brilhante

Vênus é chamado de nossa estrela da tarde e da manhã, sendo assim ele está sempre mais aparente nesses horários. Esse planeta orbita mais perto do Sol do que da Terra, por isso aparece sempre perto dessa estrela no céu.

Galáxia mais brilhante

A maior parte das galáxias está muito distante para ser vista sem um telescópio. Uma enorme galáxia espiral a dois milhões de anos-luz (a distância que a luz percorre em um ano) parece uma mancha difusa no céu – ela é chamada de Galáxia Andrômeda.

Constelações

As estrelas que vemos no céu à noite, a partir da Terra, são agrupadas em diversos padrões. Esses padrões estelares são conhecidos como constelações. Há 88 constelações diferentes, que receberam nomes de heróis míticos, animais e objetos.

Hemisfério Norte

Hemisfério Sul

CEPHEUS

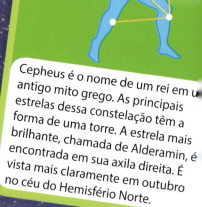

Cepheus é o nome de um rei em u antigo mito grego. As principais estrelas dessa constelação têm a forma de uma torre. A estrela mais brilhante, chamada de Alderamin, é encontrada em sua axila direita. É vista mais claramente em outubro no céu do Hemisfério Norte.

PAVO

Esta constelação do Hemisfério Su tem a forma de um pavão com a sua cauda que parece um leque. Alpha Pavonis, o pavão, é uma estrela branco-azulada gigante n pescoço da ave. Ela é cinco vezes mais larga que o Sol e brilha 2.2(vezes mais intensamente.

Estrelas do Norte e do Sul

Os astrônomos dividiram o céu noturno em duas metades, ou hemisférios, isto é, as estrelas vistas sobre a metade Norte da Terra e aquelas vistas na metade Sul da Terra.

Hemisfério Norte

Hemisfério Sul

CASSIOPEIA

Cassiopeia é o nome de uma rainha de um antigo mito grego. Esta constelação une cinco estrelas brilhantes cujo padrão tem a forma de um W de lado. Ela pode ser vista ao longo do ano no céu noturno do Hemisfério Norte.

URSA MAIOR

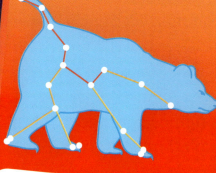

Ursa Maior, ou a Grande Ursa, é uma grande constelação vista durante o ano todo no céu noturno do Hemisfério Norte. Sete estrelas (unidas em vermelho), a partir da cauda até o corpo, formam uma panela chamada Arado.

CENTAURO

Esta grande constelação do Hemisfério Sul forma um animal mítico chamado centauro – metade homem, metade cavalo. Alpha Centauri é um grupo de três estrelas que formam a estrela mais brilhante no casco dianteiro. Elas são as estrelas mais próximas da Terra depois do Sol.

CRUZEIRO DO SUL

A cruz no céu noturno do Hemisfério Sul é a menor constelação, mas uma das mais fáceis de ser identificada. É melhor vista durante o mês de maio. Quatro estrelas principais formam o padrão de uma cruz. Há também um aglomerado brilhante de estrelas dentro da constelação, chamado Caixa de Joias.

Astronomia

Astronomia é a ciência que estuda planetas, estrelas e outros objetos espaciais. Como não conseguimos visitar a maioria deles, os astrônomos aprendem sobre eles coletando informações através de telescópios.

Refletor de Newton

Newton foi um cientista britânico que fez descobertas surpreendentes no século 16. Em 1668, ele construiu um telescópio usando um espelho curvo para coletar luz. A partir disso, criou uma imagem mais brilhante e detalhada do que poderíamos ver com os nossos próprios olhos.

OBSERVATÓRIO PARKES

Muitos objetos que não brilham à luz visív emitem ondas de rádio invisíveis. Radiotelescópios, como o Observatório Parkes na Austrália, coletam esses raios fracos e os transformam em sinais elétrico

Telescópio Polo Sul

Muitos objetos espaciais criam raios invisíveis, assim como luz, mas estes são bloqueados principalmente pela atmosfera da Terra. Este telescópio coleta raios de "micro-ondas" que atravessam o ar rarefeito da Antártida.

RAN TELECÓPIO ANÁRIAS

e telescópio tem um espelho de 10,4 ros que coleta dois milhões de vezes mais que o olho humano, permitindo-nos ver etos distantes. Ele se encontra no topo de a montanha nas Ilhas Canárias.

Observatório ALMA

Este radiotelescópio construído no Chile, conhecido também como *Atacama Large Millimeter Array*, usa 66 antenas parabólicas separadas que podem ser movidas e interligadas para que funcionem como um único telescópio bem maior.

FAST

O Radiotelescópio Esférico de Abertura de 500 Metros (*Five-hundred-meter Aperture Spherical Telescope*, FAST, na sigla em inglês), da China, é o maior radiotelescópio do mundo. Ele não pode se mover, mas consegue olhar para diferentes partes do céu.

Conheça a especialista

Fizemos algumas perguntas a Suzanna Randall, uma astrônoma do Observatório Europeu do Sul (*European Southern Observatory*, ESO, na sigla em inglês), que trabalha atualmente em um grande radiotelescópio no deserto do Atacama, no Chile. Ela está se preparando para fazer uma viagem para Estação Espacial Internacional (*International Space Stantion*, ISS, na sigla em inglês).

P: Sabemos que tem algo a ver com o Universo, mas qual é o seu verdadeiro trabalho?

R: Como astrônoma, tento entender o Universo observando-o através de telescópios e comparando o que vejo com simulações feitas no computador. Minha pesquisa se concentra no estudo das estrelas pulsantes, usando uma técnica conhecida como asterossismologia. Ela nos permite observar o interior das estrelas, utilizando suas pulsações (mudanças nos níveis de brilho), aprender mais sobre sua estrutura interna e saber como foram formadas.

P: O que você faz no ESO?

R: O ESO constrói e opera alguns dos maiores telescópios do mundo no deserto chileno do Atacama. Além de fazer minha própria pesquisa científica, apoio o ALMA, (do inglês, *Atacama Large Millimeter/Submillimeter Array*), que é composto por 66 antenas individuais, que trabalham em conjunto para formar o maior radiotelescópio do mundo. Minhas tarefas no ALMA incluem ajudar outros astrônomos a prepararem suas observações, operar o telescópio no Chile e garantir que os dados sejam de boa qualidade.

Atacama Large Millimeter/Submillimeter Array

P: O que é o projeto "Astronautin"?

R: É um projeto privado para enviar a primeira astronauta alemã ao espaço, para realizar experimentos científicos a bordo da Estação Espacial Internacional. Recentemente fui selecionada como uma das duas *trainees* do programa e espero voar para o espaço nos próximos anos.

P: O que a entusiasma mais nessa oportunidade?

R: A parte do treinamento que mais anseio são os voos parabólicos, quando vou experimentar a ausência de peso pela primeira vez. O que mais me entusiasma

Missão Artemis

Dando continuidade ao programa Apollo, que terminou em 1972, a Nasa pretende mandar astronautas à Lua. O primeiro voo não levará tripulantes, mas a missão com um grupo de quatro astronautas, entre os quais estão a primeira mulher e a primeira pessoa afrodescendente, está prevista para setembro de 2025.

[es]sa ida ao espaço é romper a fronteira final, [i]r para onde poucos foram antes. Essa seria [real]mente a grande aventura da minha vida.

Como é um dia de trabalho normal para você?

Meu dia de trabalho pode variar desde [es]tar sentada na minha sala olhando dados [ast]ronômicos, a trabalhar no turno da noite no [de]serto, ou até fazer apresentações em eventos.

O que a levou a se tornar uma astrônoma?

Fiquei fascinada pelo espaço ainda jovem, [lia] tudo o que podia sobre o assunto e [ob]servava as estrelas no meu quintal [em] noites claras. Meu sonho sempre [foi] viajar para o espaço, mas como isso [pa]recia ser uma coisa totalmente fora [do] meu alcance, decidi me tornar [ast]rônoma e estudar o Universo [à d]istância. Eu me sinto uma [mu]lher de sorte por poder [ag]ora fazer as duas coisas!

O que você ama [no] Universo?

Adoro que o tamanho do [Un]iverso seja simplesmente [im]pressionante!

47

Fotos espaciais

Orbitando bem acima da atmosfera, o Telescópio Espacial Hubble (*Hubble Space Telescope*, HST, na sigla em inglês) oferece a visão mais clara do Universo aos astrônomos da Terra. Lançado em 1990, ele continua forte e dá aos cientistas informações sobre a forma como o nosso Universo funciona.

Porta de abertura
Este obturador pode fechar para proteger o espelho e os instrumentos da luz solar forte e direta.

Manutenção
Os astronautas usando o ônibus espacial americano realizaram cinco missões para reparar e atualizar o HST, permitindo-lhe operar por muito mais tempo do que sua vida útil planejada de 15 anos.

Painéis solares
As "asas" do Hubble usam a energia da luz solar para produzir a eletricidade que alimenta seus computadores e instrumentos.

Espelho primário
Um espelho curvo com 2,4 metros de largura coleta a luz de objetos distantes e a direciona para câmeras para registrar imagens e informações.

Antena de rádio
O HST envia fotos e outros dados de volta para a Terra através de uma rede de satélites.

Imagens extraordinárias

O HST tem tirado milhares de fotos incríveis ao longo dos anos, capturando desde tempestades nos planetas exteriores até colisões de galáxias e o nascimento de novas estrelas.

V838 Monocerotis

A morte da estrela
Depois que essa moribunda estrela gigante repentinamente ficou 600 vezes mais brilhante que o normal em 2002, o Hubble capturou a luz de sua explosão refletida em nuvens de gás próximas.

Campo ultraprofundo do Hubble

Galáxias
Ao observar a mesma região do céu durante um milhão de segundos, o HST capturou a luz fraca de algumas das galáxias mais distantes do Universo.

49

Explorando o espaço

Os seres humanos vêm explorando o espaço desde 1957, quando o primeiro satélite artificial foi lançado. Desde então, astronautas chegaram à Lua, enquanto sondas espaciais exploraram a maior parte do Sistema Solar.

Primeiro satélite artificial
O Sputnik 1 foi lançado pela Rússia em 4 de outubro de 1957 e transmitiu sinais de rádio para a Terra.

Discovery

Ônibus espacial
Entre 1981 e 2011, o Ônibus Espacial da NASA levou 355 pessoas diferentes para o espaço.

"Buzz" Aldrin

Observatório Keck

Telescópios
Na década de 1990, surgiram novos e mais poderosos telescópios, capazes de ver objetos nos limites do Universo.

Cassini-Huygens próximo de Saturno

Missão a Saturno
De 2004 a 2017, a sonda Cassini da NASA enviou fotos de Saturno, o planeta dos anéis, e suas luas.

New Horizons

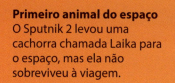

Primeiro animal do espaço
O Sputnik 2 levou uma cachorra chamada Laika para o espaço, mas ela não sobreviveu à viagem.

Laika

Sputnik 1
Este satélite alimentado por bateria era muito básico, com quatro antenas e um transmissor de rádio.

Yuri Gagarin

homem na Lua
n 1969, a missão Apollo 11 da
ASA pousou na Lua levando
astronautas Neil Armstrong,
uzz" Aldrin e Michael Collins.

Primeiro homem no espaço
Em 1961, o astronauta russo Yuri Gagarin passou 108 minutos na órbita da Terra a bordo em sua espaçonave Vostok 1.

Opportunity
Este veículo espacial com 1,5 metro de altura explora Marte desde 2004.

Veículo espacial de Marte
Em 2004, a NASA pousou em Marte um par de robôs exploradores com rodas, Spirit e Opportunity.

Estação Espacial Internacional
Entre 1998 e 2011, as agências espaciais trabalharam em conjunto para construir uma enorme estação espacial na órbita da Terra.

Rosetta
Esta sonda espacial começou sua missão em 2004 e terminou em 2016.

Cometa 67P

plorador de Plutão
2015, a New Horizons,
nda espacial da NASA,
letou dados e tirou fotos
críveis de Plutão e suas luas.

Rosetta (Pousador Philae)
A sonda espacial europeia Rosetta entrou em órbita ao redor do cometa 67P em 2014 e colocou um módulo de pouso chamado Philae em sua superfície.

Exoplanetas

Planetas orbitando outras estrelas (não o nosso Sol) são chamados de exoplanetas. Vários milhares deles foram descobertos desde a década de 1990. A maior parte é muito diferente da Terra, mas alguns chegam a ser parecidos com o nosso planeta e podem até ser o lar de coisas vivas.

Estrela alienígena
A estrela Kepller-186 é uma anã vermelha fria, muito mais fraca que o nosso Sol.

Outra Terra?
A Kepler-186f é um planeta que orbita na zona habitável em torno de sua estrela. Poderia ter água em sua superfície e talvez até oceanos, nuvens e calotas polares, como a Terra.

Descobrindo exoplanetas

A maior parte dos exoplanetas tem uma luz extremamente fraca, que é facilmente encoberta, o que também dificulta que sejam vistos diretamente. Para encontrá-los, os astrônomos procuram as maneiras como eles afetam suas estrelas.

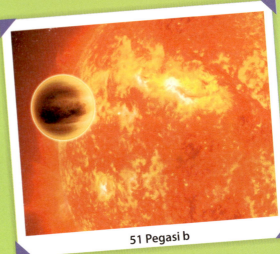
51 Pegasi b

Primeiro exoplaneta
Os primeiros exoplanetas a serem descober eram enormes gigantes gasoso maiores até qu Júpiter. Eles são grandes o bastante para fazer suas estre "balançarem" à medida que os contornam

Zonas habitáveis

A zona habitável de uma estrela é a área nem tão quente ou tão fria para que os oceanos sobrevivam na superfície de um exoplaneta. A água é necessária para a existência da vida humana. É por isso que continuamos procurando planetas que possam tê-la.

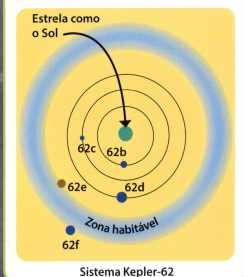

Sistema Kepler-62

Vizinho distante
Levaria cerca de 500 anos para chegar ao Kepler-186f, mesmo que pudéssemos viajar à velocidade da luz, a velocidade mais rápida que existe.

 UAU!

Os astrônomos acreditam que existam **60** bilhões de planetas habitáveis na nossa galáxia!

Telescópio Espacial Kepler

Novos exoplanetas
Telescópios espaciais, como o Kepler, encontram exoplanetas procurando sinais de que parte da luz de uma estrela está sendo bloqueada por um planeta que passa na frente dela.

Observatório Arecibo, Porto Rico

Pioneer 10
Sondas espaciais robóticas como a Pioneer 10 vão levar milhares de anos para alcançar estrelas próximas, mas continuarão viajando para sempre. Elas carregam mensagens da humanidade para quem eventualmente as encontrar.

Observatório Arecibo
Este disco com 305 metros de diâmetro coleta sinais de rádio do Universo distante. Voluntários usam computadores para procurar padrões que possam sugerir a presença de uma outra vida no Universo.

Existe vida lá fora?

Algumas das maiores dúvidas que temos são se existe vida em outras partes do Universo e se um dia poderemos fazer contato com alienígenas inteligentes. Aqui estão algumas das tentativas que os astrônomos fizeram para encontrá-los.

Sonda espacial Voyager 1

Voyager 1
A sonda espacial mais distante da Terra, a Voyager 1, deixou agora o nosso Sistema Solar. Ela carrega um disco dourado que pode recriar sons e imagens da Terra.

Mensagens

A busca por alienígenas inteligentes envolve principalmente a procura de sinais de sua atividade, como sinais de rádio, mas os humanos também já enviaram mensagens para as estrelas.

Sonda espacial Pioneer 10

Mensagem de Arecibo
Em 1974, sinais de rádio foram enviados do radiotelescópio de Arecibo para um distante aglomerado de estrelas chamado M13. Essa mensagem incluía os números de um a dez, a aparência de um ser humano, a população da Terra e onde a Terra fica no Sistema Solar.

Estaleiro de Telescópios Allen
42 antenas de rádio que varrem o céu no norte da Califórnia, nos Estados Unidos, fazem parte do programa Busca por Inteligência Extraterrestre (do inglês, SETI, *Search for Extraterrestrial Intelligence*). Além de procurar sinais alienígenas, eles medem ondas de rádio provenientes de fontes cósmicas naturais.

Receptores de rádio no Estaleiro de Telescópios Allen

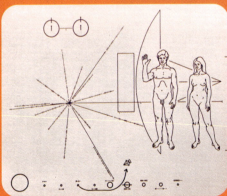

Placa pioneira
Uma placa fixada nas sondas Pioneer 10 e 11 mostra dois humanos e a localização do nosso Sistema Solar.

55

Telescópio Espacial James Webb

O Telescópio Espacial James Webb (*James Webb Space Telescope*, JWST, na sigla em inglês), da Nasa, foi lançado ao espaço em dezembro de 2021. É o maior telescópio no espaço, capaz de ver o Universo com mais detalhes do que nunca, revelando os segredos dos planetas, das galáxias mais distantes e das primeiras estrelas.

Espelho massivo

O imenso espelho do JWST tem 6,5 metros de largura – não muito diferente dos maiores telescópios existentes na Terra. Ele é composto por 18 segmentos hexagonais que se desdobram após o lançamento.

Um adulto médio tem 1,80 m de altura.

O espelho da telescópio Hubble tem 2,4 m de largura.

O espelho do JWST tem 6,5 m de largura.

O QUE SE VÊ NA IMAGEM?

» **1 Lado voltado para o Sol** O JWST mantém sua parte inferior voltada para o Sol, de forma que o próprio telescópio esteja sempre frio e no escuro.

» **2 Espelho primário** Segmentos de berílio revestidos de ouro refletem a luz visível e os raios infravermelhos para o espelho secundário.

» **3 Espelho secundário** Este espelho coleta a luz do espelho primário e a reflete no espelho terciário.

» **4 Espelho terciário** Este sistema de espelho em forma de caixa direciona a luz para um dos vários instrumentos diferentes.

» **5 Módulo de instrumento científico** Câmeras e outros dispositivos coletam e estudam a luz visível e a infravermelha.

» **6 Painéis solares** Sob luz solar permanente, os painéis produzem eletricidade a partir dessa luz solar para alimentar o telescópio.

Escudo solar

Um guarda-sol de alta tecnologia do tamanho de uma quadra de tênis protege o telescópio no espaço. Ele é feito de cinco camadas de um material leve que reflete o calor e a luz do Sol.

7 Antena de comunicações O JWST recebe instruções da NASA e envia imagens e dados de volta para a Terra.

8 Revestimento das abas Ao entrarem em contato com o "vento solar", as abas ajudam a manter o telescópio livre das partículas que sopram do Sol.

Futuras missões

Novos telescópios espaciais e sondas robóticas são lançados frequentemente para nos ajudar a descobrir mais sobre diferentes partes do nosso Universo.

OSIRIS-Rex
Lançada em 2016, esta sonda espacial foi em direção ao asteroide Bennu. Ela passou meses em sua órbita antes de voltar à Terra em 2023, com uma amostra de material da superfície do asteroide, e partir em outra missão, OSIRIS-Apex, para explorar o asteroide Apophis.

Trânsitos Planetários e Oscilações de estrelas
O lançamento de PLATO está previsto para 2026. Este telescópio espacial vai procurar por sinais de exoplanetas em torno de estrelas anãs amarelas, como o nosso Sol, estrelas anãs vermelhas e estrelas subgigantes.

57

Fatos e números do Universo

Nosso Universo é um lugar surpreendente. Nestas páginas, os fatos podem lhe dar uma ideia do quão incrível ele realmente é.

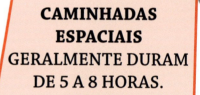

CAMINHADAS ESPACIAIS GERALMENTE DURAM DE 5 A 8 HORAS.

Os astronautas aprendem como é estar no espaço treinando **12 m debaixo d'água** por **8 horas** de cada vez.

1,300

Júpiter é tão grande que pode acomodar mais de 1.300 planetas Terra dentro dele.

44.000 kg

Os cientistas estimam que aproximadamente 44.000 kg de meteoritos e lixo espacial pousam na Terra todos os dias.

O espaço é silencioso porque o som não pode viajar sem ar.

Em 19 de janeiro de 2018, a Estação Espacial Internacional completou a marca de 7 mil dias orbitando a Terra. Um recorde!

Até o **século XVI**, acreditava-se ser verdadeira a **teoria de Ptolomeu** de que a **Terra** era o **centro** do **Universo**.

Em 2007, criaturas minúsculas chamadas tardígrados viveram por **10 dias** no espaço do lado de fora de uma espaçonave russa não tripulada.

Estudos das pedras lunares trazidas pelas missões Apollo revelaram que a Lua tem **4,51 bilhões de anos!**

00 BILHÕES DE TRILHÕES

número estimado de estrelas na parte Universo que podemos observar.

8 ½

O Ônibus Espacial levou apenas 8 ½ minutos para viajar da plataforma de lançamento à órbita baixa da Terra.

59

Glossário

Aqui estão os significados de algumas palavras úteis no seu aprendizado sobre o Universo.

anã branca Núcleo minúsculo de uma estrela morta, mas ainda quente e brilhante

anã vermelha Tipo de estrela comum, mas muito pequena e fraca

ano-luz Distância que a luz viaja em um ano, uma unidade usada para medir as distâncias na astronomia

asteroide Pequeno objeto rochoso que orbita entre os planetas

astronauta Qualquer pessoa que vai para o espaço

atmosfera Camada de gases ao redor de um planeta ou lua

buraco negro Objeto com uma gravidade tão intensa que a luz não consegue escapar de dentro dele

caminhada pelo espaço Qualquer atividade que um astronauta realiza fora da sua espaçonave

cinturão de asteroides Área entre Marte e Júpiter onde a maioria dos asteroides orbita

cometa Pequeno objeto gelado que orbita ao redor de uma estrela

condensar Diminuir de tamanho ou volume

constelação Área do céu contendo um padrão de estrelas

cratera Cavidade em forma de tigela na crosta de um objeto, frequentemente criada por um impacto do espaço

crosta A dura camada externa de um planeta rochoso

detritos Material deixado para trás depois da formação de uma estrela ou planeta

espaço Região predominantemente vazia entre objetos como planetas, estrelas e galáxias

estrela binária Par de estrelas que orbitam uma em torno da outra

estrela Enorme bola de gás que gera calor e luz

exoplaneta Planeta que orbita uma estrela fora do nosso Sistema Solar

galáxia Enorme nuvem de estrelas, gás e poeira no espaço

gigante vermelha Estrela moribunda muito grande e brilhante

gravidade Força que puxa co em direção a objetos com mas

hemisfério Os astrônomos dividiram o céu noturno em d metades, ou hemisférios – ist – as estrelas vistas na metade Norte da Terra e as que são vi na metade Sul da Terra

Júpiter Quinto principal plan a partir do Sol e o maior de to no nosso Sistema Solar

lua Satélite natural que orbita redor de um outro planeta ou outro objeto

lunar Palavra que significa "pertencente à Lua"

Marte De cor avermelhada, é quarto planeta a contar do Sol

Sonda espacial New Horiz

sa A quantidade de matéria um objeto contém

cúrio O menor planeta cipal no nosso Sistema Solar mbém o mais próximo do Sol

eorito Rocha vinda do aço que atinge a superfície m planeta

eoro Estrela cadente ada pela entrada de poeira tmosfera da Terra

e espacial Veículo (com ou tripulação) que viaja pelo aço

ulosa Nuvem de gás e poeira espaço

O (*Near Earth Object* ou eto Próximo à Terra) eroide ou cometa cuja órbita roxima da Terra

tuno Oitavo e mais externo neta principal do nosso ema Solar

va Estrela que aumenta de ho repentinamente

cleo Centro quente de um neta ou estrela

ita Caminho que um objeto corre ao redor de outro graças rça da gravidade

neta anão Cinco objetos, luindo Plutão, são conhecidos no planetas anões, menores e os oito planetas principais

planeta Grande objeto em sua própria órbita ao redor de uma estrela

Plutão Planeta anão gelado que orbita além de Netuno

protoestrela Estrela nos primeiros estágios de formação

satélite Qualquer objeto na órbita de um outro

Saturno Sexto planeta principal do Sistema Solar, famoso por seus anéis

Sistema Solar Região do espaço dominada pelo Sol e todos os objetos dentro dele

solar Palavra que significa "pertencente ao Sol"

sonda espacial Robô que explora o espaço e envia informações de volta à Terra

supergigante vermelha Estrela monstro moribunda

supernova Explosão brilhante que marca a morte de algumas estrelas

telescópio Dispositivo que cria imagens brilhantes e ampliadas de objetos distantes e fracos

Terra Nosso planeta, o terceiro planeta principal a partir do Sol

traje espacial Roupas que protegem o astronauta da exposição ao espaço

Astronauta em missão em uma caminhada pelo espaço

Universo O espaço inteiro e todos os objetos existentes dentro dele

Urano Sétimo planeta principal a partir do Sol, menor que Júpiter ou Saturno, mas muito maior que a Terra

veículo explorador Robô com rodas que explora a superfície de um planeta ou de uma lua

Vênus Segundo planeta a partir do Sol

Via Láctea Galáxia espiral que contém o nosso Sistema Solar

voo parabólico Simulação de voo sem gravidade

vulcão Brecha na crosta de um planeta que expele rocha quente e derretida embaixo

61

Índice

A
aglomerados 8, 13, 17
água 31, 52, 53, 58
Aldrin, Buzz 35, 50, 51
alienígenas 54–55
Alpha Centauri 5, 43
anãs amarelas 57
anãs brancas 11, 15, 16
anãs negras 11
anãs vermelhas 15, 52, 57
anéis 33, 50
anos-luz 5
Apollo, missões 35, 46, 51, 59
Armstrong, Neil 51
asteroides 9, 26, 36, 39, 57
astronautas 34–35, 48, 50–51, 58
astronomia 44–57
astrônomos 46–47, 54-55
Atacama Large Millimeter Array (ALMA) 45-46
atmosfera 15, 25, 27, 30–31, 33, 36, 38–39, 45, 48
átomos 7

B
Bennu 57
Big Bang 6–7
buraco negro 11, 18–19, 23

C
caminhadas espaciais 58
Caronte 37
Cassiopeia 43
Centauro 43
Cepheus 42
Ceres 39
céu noturno 38, 40–43
cidades 4
cinturão de asteroides 39
Cinturão de Kuiper 28–29

colisão de galáxias 21, 49
Collins, Michael 51
cometas 4, 26-28, 38–39, 51
constelações 40, 42–43
crateras 34
crateras de impacto 34
crosta 31
Cruzeiro do Sul 43

D
Dactyl 37, 39
Deimos 36

E
ergosfera 18
erupções solares 24
Estaleiro de Telescópios Allen 55
estrelas anãs 15
estrelas binárias 16
estrela de nêutron 11
estrela de sequência principal 10
estrelas múltiplas 16–17
European Southern Observatory (ESO) - Observatório Europeu do Sul 46-47
exoplanetas 52–53, 57
expansão do Universo 7
exploração espacial 50–51

F
Five-hundred-meter Aperture Spherical Telescope (FAST) – Radiotelescópio Esférico de Abertura de 500 Metros 45
fotografia espacial 45

G
Gagarin, Yuri 51
Galáxia de Andrômeda 41

galáxia espiral barrada 20, 23
galáxias 5, 7–8, 19–23, 40–41
galáxias elípticas 21
galáxias irregulares 21
galáxias lenticulares 21
Galilei, Galileu 23
gigantes azuis 14-15
gigantes gasosos 13, 32–33,
gigantes laranjas 15
gigantes vermelhas 7, 10, 15–16, 18-19
Gran Telescópio Canárias 45
gravidade 12, 18–19
Grupo Galáctico Local 5

H
hélio 24, 32
Hemisfério Norte 42–43
Hemisfério Sul 42–43
hemisférios 42–43
hidrogênio 12, 24, 32
horizonte de eventos 18
Hubble Space Telescope (HST) - Telescópio Espacial Hubble 48–49, 56

I
Ida 36, 39
International Space Station (ISS) - Estação Espacial Internacional 46, 51, 59
Io 37

J
James Webb Space Telescope (JWST) - Telescópio Espacial James Webb 56–57
Júpiter 8, 27-28, 32, 36–37, 5

62

...ler-186 52
...ler-186f 52–53

...ka 51
... espacial 58
...a 34–35, 41, 59
...s 9, 26, 32, 36–37

...r da Serenidade 35
...r da Tranquilidade 35
...res lunares 35
...rte 28, 30, 36, 51
...téria 7
...nsagens para as estrelas 55
...rcúrio 27, 29-30
...teoritos 38, 58
...teoros 38
...cro-ondas 45
...ssão Cassini-Huygens 50
...ntanhas lunares 34

...SA 50–51, 56–57
...ar-**E**arth **A**steroid **T**racking
(EAT) - Monitoramento de
...teroides Próximos à Terra 39
...ar-**E**arth **O**bjects (NEO)
...Objetos Próximos à Terra 39
...bulosa 12–13
...bulosa planetária 11
...tuno 27-29, 33, 37
...wton, Isaac 44
...cleo 10–11, 15, 30, 30–32
...vem de Oort 28–29
...vens interestelares 9, 12

...oservatório Arecibo 54–55

Observatório Keck 50
Observatório Parkes 44
observatórios 44–47, 50
Ônibus Espacial 48, 50, 59
OSIRIS-REx 57

P
painéis solares 48, 56
Pavo 42
pedras lunares 35, 59
pessoa 4
Pioneer 10 54–55
planetas 7, 8, 13, 26–27, 30–33, 52–53
planetas anões 28
planetas rochosos 13, 30–31
PLATO (Trânsito e Oscilações Planetárias) 57
Plêiades 17
Pluto 27, 28–29, 32, 37, 51
Pousador Philae 51
pousos na Lua 34–35, 51
protoestrelas 10, 12–13
prótons 7
Ptolomeu 59

R
radiotelescópios 44–46
Randall, Suzanna 46–47

S
satélites 8-9, 50–51
satélites naturais 9
Saturno 27, 29, 33, 36-37, 50
Search for **E**xtra-**T**errestrial **I**ntelligence (SETI) – Busca por Inteligência Extraterrestre 55
sinais de rádio 54–55
singularidade 18
Sistema Solar 4, 22, 24, 26–27, 28–39

sonda espacial New Horizons 50–51
sonda espacial Rosetta 51
sondas espaciais 9, 25, 29, 50–51, 54, 57
sondas robóticas 54, 57
supergigantes azuis 14
supergigantes vermelhas 10, 15

T
tardígrados 59
Telescópio Espacial Kepler 53
Telescópio Polo Sul 44–45
telescópios 23, 44–46, 48–49, 50, 54–57
telescópios espaciais 48–49, 53, 56–57
telescópios refletores 44
Terra 4, 27, 29, 31, 34–35, 40–41, 59
Titan 36
transferindo matéria 16
Tritão 37

U
Urano 27, 33
Ursa Maior 43

V
veículo espacial Opportunity 51
veículos exploradores lunares 35
Vênus 27-28, 30, 41
Via Láctea 5, 15, 19, 22–23, 40
vida 31, 53, 54–55
vida extraterrestre 54–55
Voyager 1 54
vulcões 35, 37

Z
zona habitável 52–53

Agradecimentos

O editor gostaria de agradecer às seguintes pessoas: Shalini Agrawal pela assessoria editorial, Polly Goodman pela revisão, Helen Peters pela compilação do índice, Anne Damerell pela assistência jurídica, Dan Crisp pelas ilustrações e Seepiya Sahni pela assistência no design. Os editores gostariam de agrade também a Suzanna Randall pela entrevista "Conheça a especialista".

O editor gostaria de agradecer aos que se seguem pela gentil permissão para reproduzir suas fotografias:

(Legenda: a-em cima; b-abaixo/inferior; c-centro; d-direita; e-esquerda; l-longe; t-topo)

2 Getty Images: SSPL (bc). **3 ESA / Hubble:** NASA (be). **NASA. 4 Dreamstime.com:** Cao Hai (be). **NASA. 5 NASA e The Hubble Heritage Team (AURA/STScI):** NASA, ESA, H. Teplitz e M. Rafelski (IPAC / Caltech), A. Koekemoer (STScI), R. Windhorst (Arizona State University), e Z. Levay (STScI) (td). **NASA:** JPL-Caltech (ce). **Science Photo Library:** Mark Garlick (c). **8-9 NASA:** Hubble Heritage Team (cb). **8 NASA:** ESA / Hubble (te); JPL (be). **9 NASA. 10 NASA:** ESA / Herschel / PACS / L. Decin et al (bd); JPL-Caltech / ESA, The Hubble Heritage Team (STScI / AURA) e IPHAS (c). **10-11 NASA e The Hubble Heritage Team (AURA/STScI):** NASA, ESA, e The Hubble Heritage Team (STScI / AURA)-ESA / Hubble Collaboration (segundo plano). **11 ESO:** I. Appenzeller, W. Seifert, O. Stahl (te). **NASA e The Hubble Heritage Team (AURA/STScI):** NASA, ESA, e K. Sahu (STScI) (tc). **NASA: CXC / NCSU /** S.Reynolds et al (be); X-ray: NASA / CXC / University of Amsterdam / N.Rea et al; Optical: DSS (ce); ESA (bc). **12 NASA e The Hubble Heritage Team (AURA/STScI):** NASA, N. Walborn e J. Maíz-Apellániz (Space Telescope Science Institute, Baltimore, MD), R. Barbá (La Plata Observatory, La Plata, Argentina) (te); NASA, ESA, J. Muzerolle (STScI), E. Furlan (NOAO e Caltech), K. Flaherty (University of Arizona / Steward Observatory), Z. Balog (Max Planck Institute for Astronomy), e R. Gutermuth (University of Massachusetts, Amherst) (cd). **13 NASA e The Hubble Heritage Team (AURA/STScI):** NASA, ESA, e A. Feild (STScI) (te). **14 Dreamstime.com:** Levgenii Tryfonov / Trifff (cdb). **15 Dreamstime.com:** Levgenii Tryfonov / Trifff (ceb). **16 NASA:** JPL-Caltech / UCLA (ce). **17 Dreamstime.com:** Tragoolchitr Jittasaiyapan. **19 NASA:** JPL-CalTech (cb). **20 NASA:** Hubble Heritage Team, ESA (be); X-ray: CXC / SAO; Optical: Detlef Hartmann; Infrared: JPL-Caltech (cd). **21 ESA / Hubble:** NASA (cda). **Getty Images:** Robert Gendler / Visuals Unlimited, Inc. (bd); Stocktrek Images (ceb). **NASA: ESA / Hubble** (te). **22-23 NASA:** JPL-Caltech (t). **23 Alamy Stock Photo:** Heritage Image Partnership Ltd (cb). **Getty Images:** SSPL (b). **NASA e The Hubble Heritage Team (AURA/STScI):** NASA, ESA, SSC, CXC, e STScI (cd). **Science Photo Library:** Chris Butler (td). **24-25 Dreamstime.com:** Levgenii Tryfonov / Trifff. **24 NASA:** SDO / AIA / Goddard Space Flight Center (ceb). **25 NASA:** Johns Hopkins APL / Steve Gribben (td); SDO / HMI (b). **26 Dreamstime.com:** Levgenii Tryfonov / Trifff (c). **27 NASA:** JHUAPL / SwRI (tc). **34 NASA. 34-35 Dreamstime.com:** Astrofireball (c). **35 NASA. 36-37 NASA:** JPL / University of Arizona (ca). **36 NASA. 37 NASA:** JHUAPL / SwRI (cd); JPL (td, te). **38 Dreamstime.com:** Eraxion (cd). **38-39 NASA. 39 123RF.com:** Mopic (cdb). **NASA:** JPL (td). **40 Dreamstime.com:** Zhasmina Ivanova. **41 ESO:** Y. Beletsky (l); Babak Tafreshi (d). **42-43 Dreamstime.com:** Michal Rojek (segundo plano). **44 Dreamstime.com:** Antonio Ribeiro (bd). **Getty Images:** SSPL (be). **44-45 Science Photo Library:** NSF / Steffen Richter / Harvard University (t). **45 Alamy Stock Photo:** Blickwinkel (be); Newscom (td); Xinhua (bd). **46-47 ESO:** Hill Media / Astronautin. **46 Suzanna Randall:** (cda). **48 NASA. 48-49 NASA. 49 NASA:** ESA (cda); ESA / S. Beckwith(STScI) e The HUDF Team (cdb). **50 Alamy Stock Photo:** Richard Wainscoat (c). **Dreamstime.com:** Elena Duvernay / Elenaphoto21 (be). **Getty Images:** Photo 12 / UIG (bd). **NASA. 51 123RF.com:** Paul Wishart / British Council (ca). **Alamy Stock Photo:** SPUTNIK (td). **ESA:** Rosetta / MPS for OSIRIS Team MPS / UPD / LAM / IAA / SSO / INTA / UPM / DASP / IDA (bd). **Getty Images:** Elena Duvernay / Stocktrek Images (cb). **NASA:** JPL / Cornell University (ce). **52-53 NASA:** Ames / JPL-Caltech / T. Pyle (t). **52 NASA:** JPL-Caltech (bd). **53 NASA:** Ames / JPL-Caltech (be). **54 Alamy Stock Photo:** LOOK Die Bildagentur der Fotografen GmbH (te). **NASA. 55 Alamy Stock Photo:** World History Archive (cdb). **Getty Images:** Mark Thiessen (ceb). **NASA. Science Photo Library:** (cd). **56-57 NASA:** Northrop Grumman Corporation. **57 Alamy Stock Photo:** NASA Image Collection (ca). **ESA:** (cdb). **NASA:** GSFC (cda). **58 NASA. Science Photo Library:** Mark Garlick (be). **58-59 Dreamstime.com:** Sebastian Kaulit Eraxion (c). **59 NASA. 60 Alamy Stock Ph** Newscom (te). **Getty Images:** Photo 12 / U (bd). **61 NASA. 62 ESO:** I. Appenzeller, W. Seifert, O. Stahl (te). **64 Dreamstime.com:** Tedsstudio (te).

Imagens da capa: Capa: **Dreamstime.co** Levgenii Tryfonov / Trifff cdb; **ESA / Hubble** NASA, M. Robberto (Space Telescope Scier Institute / ESA) e The Hubble Space Telesco Orion Treasury Project Team te; **Getty Imag** Elena Duvernay / Stocktrek Images td, Albe Ghizzi Panizza / Science Photo Library be; **NASA:** JPL / Cornell University bd, X-ray: CX SAO; Optical: Detlef Hartmann; Infrared: JPL-Caltech cd; **Science Photo Library:** Ma Garlick lcda; Contracapa: **Dorling Kindersl** Andy Crawford cd; Lombada: **NASA:** JPL cb capa: **Alamy Stock Photo:** Richard Wainsco cb; **Dreamstime.com:** Astrofireball cd, Eraxion cea/ (2), Sebastian Kaulitzki / Eraxio cea; **Getty Images:** Foto 12 / UIG cea/ (Son espacial); **NASA:** ESA / Rosetta / MPS for OSIRIS Team MPS / UPD / LAM / IAA / SSO / INTA / UPM / DASP / IDA cd/ (2), Hubble Heritage Team, ESA c; 3ª capa: **Dorling Kindersley:** Natural History Museum, Lond cb; **iStockphoto.com:** Naumoid tc.

Todas as outras imagens © Dorling Kinders

64